BIBLIOTECA GRÁFICA

GIMNASIA

BIBLIOTECA GRÁFICA

GIMNASIA

Norman Barrett

Franklin Watts

Londres   Nueva York   Sydney   Toronto

First Spanish edition published
in the USA in 1990 by
Franklin Watts, Inc.
387 Park Avenue South
New York, NY 10016

Spanish translation copyright © 1990
by Franklin Watts, Inc.
Copyright © 1989
by Franklin Watts Ltd

ISBN: 0-531-07906-6
Library of Congress Catalog Card
Number 90-70888

Designed by
Barrett & Willard

Photographs by
Action Plus
Eileen Langsley/Action Plus
N.S. Barrett Collection

Illustration by
Rhoda & Robert Burns

Technical Consultant
Peter Aykroyd

Contenido

Introducción

En gimnasia las habilidades
acrobáticas son hechas con gracia y
precisión. Los variados ejercicios y
despliegues requieren equilibrio,
agilidad y perfecto control del cuerpo.

Simples ejercicios ayudan a
mantener su cuerpo en forma. Usar
las diferentes piezas de los aparatos
en un gimnasio puede ser muy
divertido. Pero siempre se deben usar
colchonetas de seguridad y un
entrenador calificado debe supervisar
el trabajo en los aparatos.

△ Los niños asisten a
clases de gimnasia
desde pequeños.
Aprender a actuar con
gracia y equilibrio es
tan importante como el
ejercicio enérgico.

En las competencias los jueces dan notas a los gimnastas por sus rutinas.

En gimnasia artística los gimnastas compiten en aparatos como las argollas o la barra o ejecutan ejercicios en el piso.

Sólo mujeres participan en la gimnasia rítmica. Usan objetos en sus manos como pelotas o argollas. Otra forma de gimnasia son los deportes acrobáticos. En este caso, los gimnastas actúan solos o en pequeños grupos sin aparatos.

△ Eventos gimnásticos se llevan a cabo en las olimpiadas en Los Angeles en 1984. Estos tipos de eventos son vistos por miles de personas y son televisados a millones de espectadores alrededor del mundo.

Un encuentro gimnástico

Los aparatos necesarios para un gran encuentro gimnástico se instalan en una gran plataforma. Cada pieza es instalada sobre una colchoneta gruesa para mayor seguridad y se ancla fuertemente al suelo.

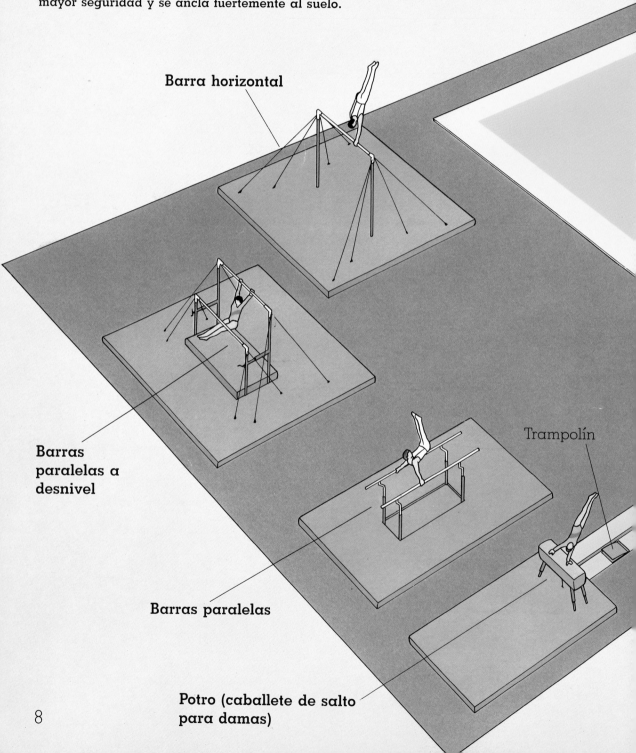

Barra horizontal

Barras paralelas a desnivel

Trampolín

Barras paralelas

Potro (caballete de salto para damas)

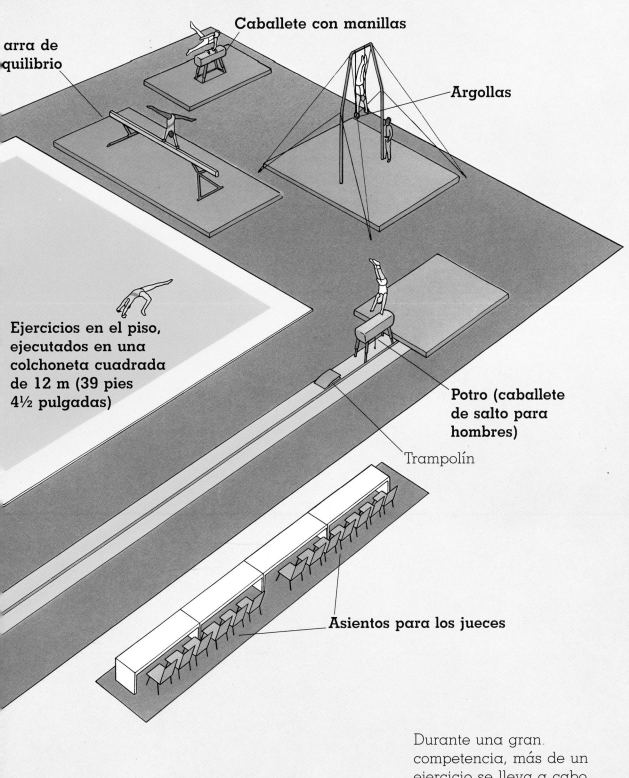

Caballete con manillas

Barra de equilibrio

Argollas

Ejercicios en el piso, ejecutados en una colchoneta cuadrada de 12 m (39 pies 4½ pulgadas)

Potro (caballete de salto para hombres)

Trampolín

Asientos para los jueces

Durante una gran competencia, más de un ejercicio se lleva a cabo al mismo tiempo. Las mujeres actúan en cuatro eventos y los hombres en seis.

9

Gimnasia artística

Hábitos saludables en el comer y dormir son esenciales si uno quiere llegar a ser una gran gimnasta. Los gimnastas pasan por un programa de entrenamiento muy difícil para poder desarrollar músculos fuertes, un cuerpo flexible y vitalidad.

Los gimnastas usan ropas impecables que no interfieren con su actuación o afectan a su seguridad. No usan joyas. El pelo largo deberá ir atado firmemente atrás de la cabeza y las uñas de los pies y de las manos deben estar bien cortadas.

▽ Antes de actuar en uno de los aparatos, los competidores usan un polvo llamado "tiza" (arriba izquierda) para mantener sus manos secas. También se pueden usar protecciones en las manos (abajo izquierda) para el trabajo en las argollas o en las barras. Aterrizar sin tambalear (abajo derecha) es una parte importante de cualquier ejercicio.

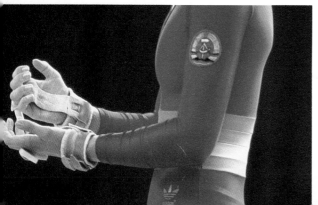

En casi todas las competencias, cada ejercicio ejecutado por un gimnasta lleva notas dadas por un panel de hasta seis jueces. Las notas más altas y las más bajas se eliminan y del promedio de las otras se saca la nota final.

La nota máxima es el 10. La mayor parte de la nota es por la dificultad del ejercicio y por lo bien que es ejecutado. Parte de la nota es también por cómo está organizada la rutina y parte por la creatividad.

△ Un panel de jueces da notas a cada ejercicio bajo la supervisión de un juez principal, quien se asegura que todos estén dando notas en una forma consecuente. Son ayudados por otros jueces que vigilan que los ejercicios sean ejecutados correctamente y dentro de los plazos de tiempo. Es la ambición de todo gimnasta el obtener la nota perfecta (inserto).

Damas y niñas

Damas y niñas ejecutan cuatro ejercicios. El orden usual es voltereta, barras paralelas a desnivel, barra y ejercicio en el suelo. En campeonatos importantes hay medallas por cada ejercicio y por el campeonato en total, llamado ejercicios combinados.

En competencias las mujeres usan mallas, generalmente de manga larga. Pueden competir descalzas o usar zapatillas especiales, con o sin calcetines.

△ Balanceo y rotación son los movimientos ejecutados en el trabajo de barra. La secuencia completa debe ser continua, con cambios de barra y posiciones estáticas de corta duración.

▷ El equilibrio es el elemento más importante en el trabajo en la barra. El ejercicio incluye posiciones de equilibrio, movimientos hacia atrás y hacia adelante, pasos caminando y corriendo y saltos y brincos. Los mejores gimnastas incluyen saltos mortales hacia atrás y hacia adelante espectaculares.

▽ Mary Lou Retton, la campeona olímpica estadounidense en 1984, ejecuta una tijera en equilibrio en la barra.

△ Un pino en la barra.

◁ La voltereta exige una carrera veloz además de agilidad en el aire. Se pueden hacer todo tipo de quiebres y saltos mortales después de impulsarse en el caballete y antes de bajar en un aterrizaje firme. Las damas pueden tratar dos veces una voltereta, pero sólo la nota más alta cuenta.

▷ Las mujeres ejecutan el ejercicio en el piso con música. Es una mezcla de acrobacia, equilibrio y pasos de danza.

Varones y niños

Varones y niños compiten en seis eventos. El orden normalmente es ejercicio en el suelo, caballete con manillas, argollas, voltereta, barras paralelas y barra horizontal.

Los hombres usan pantalones blancos largos sobre las mallas. Para la voltereta y los ejercicios en el suelo usan generalmente pantalones cortos. También usan zapatillas con calcetines o compiten descalzos.

▷ Peter Vidmar en la barra horizontal, un ejercicio espectacular que balancea y rota alrededor de la barra.

▽ Andrew Morris en el caballete con manillas. Este ejercicio exige un equilibrio perfecto pues el gimnasta se mueve alrededor del caballete en sus manos, haciendo movimientos balancia-dos continuos con sus piernas.

△ El gimnasta suizo Sepp Zellwegger en las argollas. Este ejercicio exige brazos y hombros muy fuertes. El gimnasta debe completar su rutina sin girar las argollas. Además de movimientos de columpio, la rutina debe incluir posiciones estáticas de por lo menos dos segundos.

◁ Los músculos grandes de Li Ning (China) muestran la fuerza que se necesita en las argollas al tomar éste una posición estática.

Las argollas y las barras paralelas
requieren mucha fuerza porque se
deben mantener posiciones estáticas.
El caballete con manillas y la barra
horizontal exigen movimientos
balanciados continuos.

La voltereta es como el evento de
damas, excepto que los hombres la
hacen a lo largo del potro y tratan
una sola vez. El ejercicio en el suelo
lo ejecutan sin música.

▽ El ejercicio en las
barras paralelas exige
movimientos balancia-
dos y fuerza para
ejecutar posiciones
estáticas y de equili-
brio, las que se deben
mantener por lo menos
dos segundos. Es un
ejercicio muy popular
entre los gimnastas por
la variedad de los
movimientos.

Gimnasia rítmica

En la gimnasia rítmica los gimnastas actúan con un objeto en vez de encima de un aparato. Cada ejercicio es hecho con un objeto en la mano, la cuerda, el aro, la pelota, bastos o cintas. Hay eventos en equipos en que se pueden usar más de un objeto.

La música se elije para que calce con el caracter del gimnasta. Los pasos de danza son tomados del ballet y ejecutados en la punta de los dedos del pie.

△ **Un equipo hace un ejercicio con aros y pelotas. El trabajo en equipo de la gimnasia rítmica generalmente requiere seis gimnastas ejecutando una rutina complicada.**

▷ **La cinta, de 7 m (23 pies) de largo, está atada a un palo parecido a una varita mágica. Se lanza al aire y se la tuerce en todo tipo de espirales mientras la gimnasta hace piruetas y saltos mortales y hasta se enrolla la cinta alrededor de ella.**

△ El aro se lanza, se coge, se le hace rebotar y rodar.

◁ La pelota hecha de plástico o de goma se lanza al aire y se le rebota. También se le puede equilibrar en la palma de la mano pero no se le puede mantener en la mano.

Los ejercicios de la gimnasia rítmica duran 1 a 1½ minutos. Se ejecutan en un cuadrado de 12 m (39 pies, 4½ pulgadas) cuadrados.

Los gimnastas ejecutan sus rutinas cuando el objeto está en el aire o cuando se está moviendo por el suelo. Necesitan ser gimanstas, malabaristas y bailarines de ballet al mismo tiempo.

23

△ Generalmente se usan dos bastos, los cuales se balancean, se rotan y se lanzan hasta se hacen rebotar y rodar por el piso. También se les lanza alto en el aire con una mano y se les recoge uno en cada mano.

◁ La gimnasta brinca y salta por encima de la cuerda, la lanza y la agarra, la tuerce y la estira. Se la considera la pieza más difícil de controlar.

Deportes acrobáticos

Los deportes acrobáticos parecen más eventos de circo que ejercicios gimnásticos. Aparte de los saltos mortales que son ejercicios para solistas, los deportes acrobáticos son ejecutados en parejas o grupos.

Una rutina saltimbanqui se ejecuta en una sola carrera, con una combinación de saltos, retorcidas y vueltas. Los gimnastas ejecutan balanceo en conjunto, saltos mortales desde encima de sus compañeros o son lanzados por el aire.

▽ El trío acrobático es un evento femenino. Ejecutan todo tipo de equilibrios muy atractivos al ritmo de la música. En las rutinas "tiempo", dos jovenes lanzan una tercera al aire y la recogen.

◁ En los cuartos, que es un ejercicio para varones, los gimnastas construyen columnas. El gimnasta en lo alto es a menudo joven.

▷ Una rutina de pareja mixta. Existen también las parejas de hombres y mujeres.

▽ La rutina tiempo en los cuartos de varones está llena de lanzadas y saltos mortales.

Historia de la gimnasia

△ **Un festival gimnástico alemán en 1872. Las piezas de los aparatos usados en el primer plano son de izquierda a derecha el potro, la barra horizontal y las barras paralelas.**

◁ **El fundador de la gimnasia moderna, Friedrich Ludwig Jahn, quién hizo mucho para popularizar el deporte en los años 1800.**

Un deporte antiguo

Se puede remontar la historia de la gimnasia hasta los tiempos de la antiguedad. Los griegos construyeron gimnasios para ejercicio físico hace más de 2,000 años atrás, y los antiguos romanos continuaron con la tradición. Su forma de hacer gimnasia desapareció cuando el imperio se acabó. Pero atravéz de los años los despliegues de acróbatas y saltimbanquis puso las bases para muchas de las rutinas modernas.

El fundador de la gimnasia

El hombre visto como fundador de la gimnasia moderna fué un profesor de escuela alemán llamado Friedrich Ludwig Jahn. Él abrió el primer "turnplatz" o gimnasio al aire libre en Alemania en 1811. Más tarde ayudó a desarrollar el lado técnico de la gimnasia.

Diseñó las normas para las rutinas acrobáticas en la barra horizontal. También inventó las barras paralelas y las argollas inicialmente para crear ejercicio de fuerza para el potro para desarollar los musculos. Con el tiempo se les aceptó como ejercicios con derecho propio.

Un deporte olímpico

La gimnasia fue uno de los deportes incluídos en la primera olimpiada moderna en Atenas en 1896. Los varones participaron en el potro, en el caballete con manillas, argollas, barras paralelas, barra horizontal y en un item llamado "ejercicio de brazos con cordel liso", en que había que escalar un cordel.

Las gimnastas femininas compitieron en las olimpiadas por primera vez en 1928 en eventos de grupos. Pero pasarían 24 años más antes que eventos individuales para damas se llevaran a cabo en las olimpiadas.

△ Un competidor suizo en el caballete con manillas en las olimpiadas de Berlín en 1936. En esta época ya los gimnastas varones lucían como los de hoy.

△ Mujeres gimnastas compitieron en las olimpiadas por primera vez en 1928 pero sólo en eventos de grupo. Este fué ganado por Holanda, el país anfitrión, con solo cinco países en la competencia.

Estrellas mundiales

Una de las primeras gimnastas en ganar fama mundial fue Vera Caslavska de Checoslovaquia, quien quebró la dominación de los gimnastas soviéticos en las olimpiadas de 1964 y 1968.

Más tarde la gimnasia ganó popularidad mundial, más que nada, gracias a los despliegues en las olimpiadas de dos jóvenes. Cientos de millones de espectadores fueron fascinados por la actuación de la gimnasta soviética Olga Korburt en 1972, y luego se emocionaron ante la perfección de Nadia Comaneci de Rumania en 1976.

En gimnasia de varones, Japón y la Unión Soviética han rivalizado por mucho tiempo por los honores máximos. Recientemente otros países, particularmente los Estados Unidos y China, han producido estrellas mundiales en ambos damas y varones.

Datos y registros

Record en medallas

El record por el número de medallas obtenidas en cualquier deporte lo logró una gimnasta soviética, Larissa Latynina. En los juegos de 1956, 1960 y 1964 ganó un total de 18 medallas, 9 de oro, 5 de plata y 4 de bronce.

△ **Nadia Comaneci recibió su primera nota perfecta en las barras paralelas a desnivel en los jegos de 1976.**

El 10 perfecto

La gimnasta rumana Nadia Comaneci fue la primera en lograr la nota máxima de 10 en una competencia olímpica. Lo logró en Montreal en las olimpiadas de 1976 cuando tenía solamente 14 años. En total recibió siete 10 perfectos en el torneo olímpico y ganó tres medallas de oro. Su agilidad y gracia sorprendío al publico y le ganó una reputación mundial.

△ **La gimnasia rítmica regresó a las olimpiadas en 1984 como un deporte propio.**

Un nuevo deporte olímpico

Cuando la gimnasia rítmica hizo su aparición en las olimpiadas de 1984, la mayoría pensó que se trataba de un deporte nuevo. Sin embargo, en los antiguos juegos se incluía un evento para varones en equipo que ejecutaban "ejercicios con objetos en las manos". También había malabares con bastos. En 1904 hubo una presentación de damas con objetos en las manos. En 1952 y 1956 gimnastas femeninas compitieron en un ejercicio en equipos con objectos portátiles, como parte de los eventos gimnásticos regulares. Después de esto se abandonaron estas prácticas, y asi se volvió un deporte en su propio derecho.

Glosario

Campeón global
En grandes competencias las notas dadas a los gimnastas por su actuación en varios aparatos se suman para así designar al mejor de todos los competidores o campeón global.

Cuartos
En deportes acrobáticos es un evento para grupos de cuatro varones o niños.

Deportes acrobáticos
Una rama de la gimnasia en la cual los competidores ejecutan acrobacias en grupos o individualmente.

Escalamiente de cordel
Este ejercicio se practicó en las olimpiadas en el pasado pero ya no es un evento internacional. Aún se practica en los Estados Unidos, donde el record mundial de escalamiento de un cordel de 6 m (20 pies) a mano limpia ha sido reducido a menos de 3 segundos.

Gimnasia artística
El tipo de gimnasia más importante en la cual los gimnastas ejecutan ejercicios en el suelo o en aparatos como la barra o las argollas.

Gimnasia rítmica
Una rama de la gimnasia en la cual mujeres y niñas actúan con pequeños objetos como pelotas o cintas.

Manillas
Las asideras del caballete con manillas.

Objetos de mano
Las piezas usadas por los competidores en lanzamientos al aire y malabares de la gimnasia rítmica.

Parejas
En los deportes acrobáticos eventos en equipos de dos - varones, damas o mixtos.

Saltimbanquismo
Una presentación para solista en deportes acrobáticos, ejecutado en un trampolín largo. Incluye diferentes tipos de saltos mortales, vueltas y brincos. Saltimbanquismo se usa también en la gimnasia artística en los ejercicios en el suelo.

Tiza
Polvo de carbonato de magnesio usado por los gimnastas para mantener sus manos secas durante su actuación.

Trío
En los deportes acrobáticos una presentación en grupos de tres mujeres o niñas.

Índice